Jana Tiedemann

Alberto Giacometti - Auf der Suche

GRIN Verlag

Bibliografische Information der Deutschen Nationalbibliothek:

Die Deutsche Bibliothek verzeichnet diese Publikation in der Deutschen National-
bibliografie; detaillierte bibliografische Daten sind im Internet über http://dnb.d-
nb.de/ abrufbar.

Impressum:

Copyright © 2013 GRIN Verlag, Open Publishing GmbH
Druck und Bindung: Books on Demand GmbH, Norderstedt Germany
ISBN: 978-3-656-41577-0

Dieses Buch bei GRIN:

http://www.grin.com/de/e-book/212819/alberto-giacometti-auf-der-suche

Christian-Albrechts-Universität zu Kiel
Kunsthistorisches Institut
Seminar: Traumhafte Kunst: der Surrealismus in Malerei, Fotografie und Film

Wintersemester 2012/2013

Alberto Giacometti

Auf der Suche

Jana Tiedemann
Fachsemester.: 5

Inhaltsverzeichnis

1. Einleitung

Alberto Giacometti gilt als einer der faszinierendsten Künstler des 20. Jahrhunderts. Nicht nur seine zahlreichen Werke, sondern auch sein sagenumwobenes Atelier und die kauzige Persönlichkeit, die ihm nachgesagt wird, haben ihn zu dem Künstler gemacht, an dessen Ausstellungen man heute nicht mehr vorbei kommt.

Er ist Maler, Zeichner und Bildhauer in einer Person. Immer wieder hat er mit den unterschiedlichsten Materialien gearbeitet, hat versucht das darzustellen, was er sieht, was er empfindet, was er wahrnimmt. Erfolglos. Bis zu seinem Lebensende war Giacometti unzufrieden mit den Werken, die er schuf. Oftmals verlor er sich in zahlreichen Einzelheiten und die exakten Vorstellungen, die er im Kopf hatte, ließen sich nie realisieren. Oder wollte er sie nicht realisieren? Eine Vollendung hätte für ihn bedeutet, nichts Besseres mehr erreichen zu können[1]. Hans Arp, mit dem Giacometti 1930 in der Galerie Pierre gemeinsam ausstellte, sagte einmal über ihn „Er will die Blüte und den Stängel zugleich machen - und das Unmögliche obendrein."[2] Betrachtet man die verschiedenen Werkphasen, Interviews und Aufzeichnungen seiner Arbeitsweise, merkt man schnell, was Arp damit meint. Alles wird bestimmt durch die schon fast zwanghafte Suche nach unmöglicher Perfektion.

In meiner Hausarbeit möchte ich auf Giacomettis surrealistische Phase genauer eingehen. Die ersten Jahre in Paris haben ihn in seinem Denken und Schaffen nachhaltig geprägt. Sei es die zwiespältige Beziehung zu seinem Lehrer Bourdelle, das eher distanzierte Verhältnis zu seinen Kommilitonen[3] oder die neuen Freundschaften die geschlossen wurden und mit denen ungewohnte Denkanstöße einhergingen. Die Frage, die ich mir bei dieser Arbeit stelle, soll daher sein, in wie weit der Kontakt zum Surrealismus für Giacomettis späteren Weg von Bedeutung war. Anfangen will ich hierbei mit ein paar Sätzen zu seiner Biografie bis 1934 und dem Surrealismus allgemein, bevor ich einige Werke genauer beschreibe und Vergleiche zu anderen ziehe. Abschließend soll in meinem Fazit deutlich werden, wodurch er beeinflusst wurde und in welcher Hinsicht ihn das zu dem Künstler gemacht hat, den man heute kennt.

---

[1] Vgl. Lord, James: Alberto Giacometti. Der Mensch und sein Lebenswerk, Bern [u.a.] 1987, S. 72.

[2] Dittmar, Peter: Künstler beschimpfen Künstler, o.O. 2008.

[3] Vgl. Lord 1987, S.72.

2. Biografisches

Geboren wurde Alberto Giacometti 1901 als Sohn des neoimpressionistischen Malers Giovanni Giacometti. Er wuchs zusammen mit drei Geschwistern[4] in Borgonovo, einem italienisch sprechenden Dorf, in der Schweiz auf und verbrachte schon frühste Kinderjahre im Atelier des Vaters. Die Familie pflegte engen Kontakt zu befreundeten Künstlern und so übernahmen die Maler Cuno Amiet und Ferdinand Hodler die Taufpatenschaften Albertos und seines Bruders Bruno.

Bereits mit zwölf Jahren malte Giacometti sein erstes Ölbild und begann ein Jahr später die ersten Köpfe zu modellieren. Thema seiner Arbeiten war hauptsächlich die Familie. Oftmals bediente er sich aber auch an Abbildungen von Kunstwerken, beispielsweise Dürer, und kopiert sie größtenteils strichgenau.

Nach seinem Internatsabschluss fing Giacometti im Herbst 1919 ein Studium in Genf an. An der Ecole des Beaux-Arts und der Ecole des Arts Industriels wurde er im Malen, Bildhauen und Aktzeichnen gelehrt. Einige Male kam es dort zu Diskussionen, da Giacometti sich weigerte ganze Figuren zu zeichnen und sich nur auf die Füße konzentrierte.

Mit 20 Jahren zog es Giacometti nach Paris. Er schrieb sich in der Académie de la Grande-Chaumière ein und belegte Kurse im Aktzeichen und Bildhauen bei Antoine Bourdelle. Oft blieb er monatelang fern, bevor er 1927 die Académie wieder verließ.

Im November 1925 stellte Giacometti das erste Mal zwei seiner Arbeiten aus. Der Salon des Tuileries zeigte eine erste Fassung des *Torso* (s. Abb.1) und einen Kopf, wohlmöglich der seines Bruders Diego. Diego war im Februar gleichen Jahres nach Paris gekommen und teilte seither Atelier und Leben mit seinem älteren Bruder. Die „Exposition des Artistes Suisse" war eine weitere Ausstellung an der Alberto Giacometti noch im selben Monat beteiligt war.

Ein Jahr später bezog er das bekannte Atelier an der Rue Hippolyte-Maindron 46 und stellte weitere Werke im Salon des Tuileries aus.

1927 nahm er an der Ausstellung des Vaters in Zürich teil, zeigte drei Büsten und stellte in Paris, abermals im Salon des Tuileries, die Figur *Löffelfrau* (s. Abb. 2) aus.

In den nächsten zwei Jahren folgten weitere Ausstellungen, unter anderem zusammen mit de Chirico, Campigli oder Savinio. Giacometti gab sich von nun an eher als Italiener, denn als Schweizer aus und mit seinen Plattenskulpturen (s. Abb 3 und 4) aus dem Winter 1928-1929 gelang ihm der Durchbruch.

---

[4] Diego, Ottilia und Bruno

Vicomte Charles de Noailles' Kauf der Arbeit *Blickender Kopf* (s. Abb. 3) und die Ausstellung in der Galerie Jeanne Buchers waren entscheidende Ereignisse, die Giacometti näher an den Zirkel der Surrealisten brachten. Künstler wie André Masson, Hans Arp, Joan Miró, Pablo Picasso, Man Ray oder Max Ernst wurden auf den 28-jährigen aufmerksam. Und auch an den Schriftstellern Louis Aragon, Michel Leiris, Georges Bataille und einigen anderen ging sein Erfolg nicht spurlos vorüber. Der Kunsthändler Pierre Loeb nahm Giacometti unter seine Fittiche und schloss einen Jahresvertrag mit ihm ab.

1930 organisierte Loeb in seiner Galerie eine gemeinsame Ausstellung unter dem Titel „Miró-Arp-Giacometti", durch die der Kontakt zu André Breton entstand. Breton kaufte Giacomettis *schwebende Kugel* (s. Abb. 5) und bat ihn sich seiner Surrealisten-Gruppe anzuschließen. Wenn er sich auch Bretons Gesetzen nicht unterwarf, so nahm Giacometti doch bis 1933 an den Treffen teil.

Von nun an begannen „die heißen Nächte von Montparnasse"[5]. Giacometti verbrachte sie mit Künstlern, Dichtern und Dirnen und es wurde geredet, geraucht und getrunken. Vielleicht sind es die Erfahrungen, die er im berühmten Bordell Le Sphinx machte oder generell der Kontakt zu Frauen, die dazu führten, dass seine Skulpturen im Jahr 1931 noch sinnlicher und noch aggressiver wurden (s. Abb. 6). Einige dieser Skulpturen nahm Giacometti auch zeichnerisch in seinen Artikel „Objets mobiles et muets" in der dritten Ausgabe Bretons Zeitschrift „Le Surréalisme au service de la révolution" auf.

1932 präsentierte Pierre Colle Giacomettis erste Einzelausstellung. Er zeigte neben anderen *Frau mit durchschnittener Kehle* (s. Abb. 7), *Das Spiel ist aus, Der Palast um vier Uhr früh* oder *Entwurf für einen Platz*. Werke, die immer noch von Aggressivität und Brutalität bestimmt sind.

Ein Jahr später veröffentlichte Giacometti erneut in Bretons Zeitschrift. In Heft fünf und sechs finden sich einige Texte und eine Zeichnung von ihm, unter anderem der bekannte Bericht „Hier, sables mouvants". Er erlernte nun auch das Radieren und Kupferstechen, verkaufte nach einer weiteren Ausstellung *der Tisch* an seinen Förderer de Noailles und arbeitete zusammen mit Hans Arp, Max Ernst, René Magritte, Miró, Man Ray und weiteren an einer Exposition, an der er mit einer vergrößerten Fassung des Objektes *Käfig* (s. Abb. 8) beteiligt war.

Im selben Jahr starb sein Vater Giovanni und es scheint, als sei damit seine surrealistische Schaffensphase beendet. Zwar wurden seine Werke noch in internationalen Ausstellungen gezeigt, jedoch nahm Giacometti nicht mehr persönlich

---

[5] Hohl, Reinhold: Lebenschronik, in: Alberto Giacometti. Skulpturen, Gemälde, Zeichnungen, hrsg. v. A. Schneider, München 1994, S. 16.

teil. *1+1=3* von 1934 war seine letzte surrealistische Arbeit, bevor er sich wieder dem Modellieren nach der Natur zuwandte.[6]

3. Surrealismus

frz. sur = über; *frz.* realité = Realität/Wirklichkeit

> „Es müsse, forderte allen voran Breton, das Leben endlich in seiner Ganzheit begriffen werden, und dazu gehörten in seinen Augen eben nicht nur das Sichtbare, die Ordnung, die Vernunft, die Moral und die Abstraktion, sondern vielmehr das Unterbewusste, das Verdrängte, die Tabus, die Amoral, die Träume und die psychischen Exaltationen, gar die Revolte."[7]

Der Surrealismus, als eine Strömung in bildender Kunst, Literatur, Film und Fotografie, entstanden um André Breton 1920 in Paris, hatte zum Ziel „das gesamte psychische Vermögen zurückzugewinnen"[8].

Anhänger des Surrealismus versuchten, nicht zuletzt durch das Miterleben des Ersten Weltkrieges und seinen Folgen, eine übergeordnete Wirklichkeit zu schaffen. Man glaubte nicht mehr an den Sieg der reinen Vernunft, hatte sie einem in den letzten Jahren doch nur Unheil beschert. Logik und Verstand schienen nicht der Schlüssel zu einer besseren Welt zu sein, weshalb man begann auf das Irrationale zu setzen. Gefühle, Träume, Visionen, Unbewusstes, Verdrängtes, Kindliches, all das sollte zum Vorschein kommen. Großen Einfluss auf diese Bewegung hatten auch die psychoanalytischen Schriften Sigmund Freuds, nach denen das Handeln eines jeden Menschen durch das Unterbewusstsein bestimmt wird. Freud beschäftigte sich ausgiebig mit der Hypnose, als Zugang zu diesem Unterbewussten, und mit der Erforschung von Neurosen und Fetischen. Auch die Surrealisten versuchten, sich durch Hypnose, Meditation, Rauschmittel, Träume oder ähnlichem ihrem Unterbewusstsein zu nähern und dieses wiederzugeben. Das automatische Schreiben (Écriture automatique) war eine Methode, um den Verstand auszuschalteten und das somit erweiterte Bewusstsein direkt aufs Papier zu bringen. Hierbei schrieb man im Halbschlaf oder tranceähnlichen Zuständen tabulos und spontan auf, was einem in den Sinn kam, ohne Rücksicht auf Grammatik, Syntax oder Orthografie. Dieses Verfahren

---

[6] Vgl. Hohl 1994, S. 7-22 und Lord 1987.

[7] Schneede, Uwe. M.: Die Kunst des Surrealismus. Malerei, Skulptur, Dichtung, Fotografie, Film, München 2006, S. 13.

[8] Schneede 2006, S. 13.

ließ sich auch in der bildenden Kunst anwenden. Oftmals wurden traditionelle Bildelemente bruchstückhaft oder verzeichnet übernommen und in ungewohnten Zusammenhängen wiedergegeben, am Beispielhaftesten funktionierte das in Collagen oder der Assemblage. Es entwickelten sich außerdem neue Techniken wie Frottage und Grattage, die die ohnehin schon ungewohnten Seherfahrungen nochmal verstärkten. Farben wurden kühler und klarer.

Entstanden ist der Surrealismus aus dem Dadaismus. Die anfänglich als kleine Opposition gegründete Gruppe schrieb sich auf die Fahnen nicht ganz so destruktiv, zynisch und dagegen zu sein. Getrieben von einer revolutionären positiveren Haltung zum Leben entfernten sie sich bald komplett von den Dadaisten. 1924 fixierte André Breton in seinem ersten Manifest den surrealistischen Gedanken. Ein eigenes Büro und eine Zeitschrift komplettierten diese Bewegung. Das zweite Manifest Bretons 1930 hingegen, indem er eine klare politische Stellungnahme fordert, trägt zum Zerwürfnis der Gruppe bei. Nach und nach wenden sich immer mehr Künstler von Breton ab, so dass nach dem zweiten Weltkrieg 1945 eigentlich nicht mehr von einer surrealistischen Bewegung gesprochen werden kann.

Man unterscheidet im Surrealismus zwischen zwei Richtungen: dem absoluten Surrealismus und dem veristischen Surrealismus. Der absolute Surrealismus verzichtet auf die treue und naturnahe Wiedergabe von Bildgegenständen. Durch abstrahierte und kindliche Formensprache soll der Entstehungsprozess von Träumen nachempfunden werden. Im leichten Gegensatz hierzu steht der veristische Surrealismus, der durch äußerste Genauigkeit und Naturnähe Situationen darstellt, die tatsächlich nicht möglich sind. Ausschlaggebend für diesen Zweig des Surrealismus, bei dem der Wert eher auf den Inhalt der Träume gerichtet war, war die Pittura metafisica, die de Chirico begründete.[9]

---

[9] Vgl. Müller, Hans H.: Kunstgeschichte. Von der Antike bis zum 21. Jahrhundert, Mannheim 2009, S. 175f.

4. Giacomettis Werke 1925-1934

4.1 Torso 1925 (Abb. 1)

Giacomettis *Torso* ist, neben einem Kopf seines Bruders Diego, das erste öffentlich ausgestellte Werk. Es entstand nach einer Schaffenskrise 1925 und man sieht einen deutlichen Umschwung zu seinem bisherigen Stil. Er war immer stark fasziniert vom menschlichen Gesicht, doch zu jener Zeit dachte er, niemals seine Vorstellungen verwirklichen zu können, was ihn dazu bewog es auch nicht mehr zu versuchen.[10]

Torso ist ein ein „auf wenige, kantige Blockformen reduziert[er]"[11] postkubistischer Frauenkörper. Auf einem Sockel stehen zwei, sich in entgegengesetzte Richtungen drehende Quader, hinter denen sich ein weiterer, etwas höherer Quader anschließt. Das Dreieck, das zwischen den, als Beinen zu deutenden, Quadern entsteht, ist hervorgehoben und mit einer Kreuzschraffur versehen. Einige Zentimeter über diesem Dreieck findet sich eine runde Einkerbung. Wenn man die beiden äußeren Quader nun als Beine interpretiert, so kann man das Dreieck als weibliches Geschlecht und die Einkerbung als Bauchnabel sehen. Dieser sehr vereinfachte Körper erinnert in der Darstellung doch stark an den einige Jahre zuvor entstandenen *Jünglingstorso* (1917-22) von Constantin Brancusi, wenn auch die Formensprache sicher eher auf Jacques Lipchitz zurückzuführen ist, dem Giacometti mehrfach einen Besuch in seinem Atelier abstattete.[12]

4.2 Löffelfrau 1926 (Abb. 2)

Giacometti beschäftigte sich Mitte der zwanziger Jahre ausgiebig mit prähistorischer Kunst. Zeitschriften wie „Cahiers d'art", Publikationen wie „Negerplastik" (Carl Einstein 1922) oder Ausstellungen wie die „Exposition de l'art indigènedes colonies d'Afrique et d'Océanie" von 1924-25 gaben Giacometti den Raum sich dieser Stammeskunst zu nähern. Ende des Jahres 1926 veröffentlichte er dann im Salon des Tuileries seine über einen Meter hohe *Löffelfrau*.

Die *Löffelfrau* geht wie der *Torso* von einem Sockel aus. Das Hauptaugenmerk liegt auf dem großen Oval, das sich unten nach Innen und oben nach Außen wölbt. Unter

---

[10] Vgl. Lord 1987, S.79.

[11] Maur, Karin v.: Giacometti und die Pariser Avantgarde bis 1935, in: Alberto Giacometti. Skulpturen, Gemälde, Zeichnungen, hrsg. v. A. Schneider, München 1994, S. 53.

[12] Vgl. Maur 1994, S.53.

dem Oval schließt sich ein weiterer, nach unten hin verjüngender Sockel mit zwei Auskragungen oben an. Oberhalb des Ovals folgt, nach einem schmalen mit horizontalen Rillen versehenem Quader, ein kubistisch anmutender Brustkorb und eine noch kleinere, quaderartige Form mit einem ausgestanzten Halbkreis, in dem eine mandelförmige Erhöhung zu erkennen ist[13]. Das übergroße Oval wird als Löffelschale beziehungsweise Leib interpretiert, während die verhältnismäßig kleine Figur ganz oben den Kopf darstellt. Alle Formen sind stark reduziert und man vermutet, dass diese Arbeit aufgrund der obengenannten Ausstellung entstand und Giacometti sich an den Kellenfiguren des afrikanischen Dan-Stammes orientierte[14].

4.3 Blickender Kopf 1927-29 (Abb. 3)

Drei Jahre nach der Veröffentlichung der *Löffelfrau* erschien diese Arbeit. Giacometti versuchte sich seit jüngsten Jahren an Portraitdarstellungen. Nachdem ihm das Arbeiten nach der Natur nicht die gewünschte Erfüllung brachte, experimentierte er mit abstrakten Formen. Er schuf den *blickenden Kopf* aus dem Gedächtnis, was eine höchst ungewöhnliche Arbeitsweise für ihn war, da er für gewöhnlich den Dialog mit dem Modell suchte.

Über einer schmalen Plinthe erhebt sich auf einem Sockel eine fast quadratische Platte. In dieser Platte sind nur mehr zwei Mulden zu erkennen – die eine horizontal links, die andere vertikal oben. Ein wenig erinnert diese sparsame Art der Darstellung an die Kykladenidole, mit denen sich auch Hans Arp und Brancusi beschäftigten.

4.4 Schwebende Kugel 1930-31 (Abb. 5)

„Es gab da ein drittes Element, das mich in der Realität berührte: die Bewegung"[15] erklärte Giacometti in einem Brief an Pierre Matisse. Diese Bewegung stellte er erstmals in der gemeinsamen Ausstellung mit Arp und Miró anhand seiner *schwebenden Kugel* dar. Ein Schreiner führte diese Skulptur, nach der Gips-Fassung, in Holz aus und André Breton erwarb sie nach vollendeter Zurschaustellung. Diese schwebende Kugel öffnete Giacometti die Tür zur Surrealisten-Gruppe, der er auf Wunsch Bretons beitrat.

---

[13] Vgl. Milz, Manfred: Samuel Beckett und Alberto Giacometti. Das Innere als Oberfläche – Ein ästhetischer Dialog im Zeichen schöpferischer Entzweiungsprozesse (1929-1936), Würzburg 2006, S.102.

[14] Vgl. Maur 1994, S.55.

[15] Briefe an Pierre Matisse (1948), in: Alberto Giacometti. Schriften – Fotos – Zeichnungen, hrsg. v. Ernst Schneidegger, Zürich 1958, S. 34.

Die *schwebende Kugel* hängt an einem „seidenen Faden". Sie ist umgeben von einem Gerüst aus Metall und unter ihr auf einer Platte streckt sich ein sichelförmiges Gebilde in die Höhe. Dort, wo Kugel und Sichel sich berühren könnten, ist eine Vertiefung in der Kugel. Auf den ersten Blick erweckt es den Anschein, als müsse man die Kugel nur anstoßen und sie würde auf der Sichel reiten, doch bei genauerer Betrachtung fällt auf, dass der Draht nur wenige Zentimeter zu kurz ist. Niemals können sich die beiden berühren, auch wenn sie noch so gut ineinander zu passen scheinen. „Diese taktile und erotische Provokation faszinierte natürlich vor allem die Surrealisten."[16] Sie sahen in der Kugel mit der mandelförmigen Einkerbung das weibliche Geschlechtsorgan und den sichelförmigen Gegenstand als Phallussymbol, obwohl es sich erst mal nicht als das zu erkennen gibt. Mit diesen Gedanken jedoch im Hinterkopf erweckt Giacomettis Objekt ein Gefühl unerfüllter Leidenschaft, es scheint als wolle die Kugel herabsinken, wird aber zurück gehalten. Der Käfig, der die beiden umschließt, wirkt verstärkend. Sie sind gefangen in einem Raum voller erotischer Spannung und schaffen es dennoch nicht sich zu vereinen. Mit Hinblick auf Giacomettis Verhältnis zu Frauen, spiegelt es so ziemlich genau seine Einstellung wieder. Oft beklagte er sich, dass Frauen zu anhänglich seien. Lieber starrte er sie aus einiger Entfernung an „wobei er bewegungslos dastand, die Arme steif am Körper anliegend und die Fäuste geballt."[17] Genau wie der sichelförmige Gegenstand auf der Platte bewegungslos dasteht und die weibliche Kugel sich mit einigen Zentimetern Abstand bewegt.

4.5 Frau mit durchschnittener Kehle 1932 (Abb. 7)
Themen wie Sexualität, Brutalität und Tod sind wichtige Komponenten der Surrealisten gewesen. Auch Alberto Giacometti setzte sich eingehend mit ihnen auseinander und verarbeitete einige seiner Gedanken in seinen Werken. *Frau mit durchschnittener Kehle* vereint alle drei Elemente.

Es ist eine auf dem Boden liegende Bronze Figur. Ein schmales, nach oben gewölbtes Oval in der Mitte wirkt, wie ein sich nach oben drückender Rumpf. Zwei zierliche Beine sind nach hinten geknickt, das eine öffnet sich blätterartig und scheint, als wäre es aufgeschlitzt und würde nun zu beiden Seiten auseinander klaffen. Oberhalb des Ovals wird die Figur wieder etwas breiter und zwei Rundungen lassen Brüste vermuten.

---

[16] Maur 1994, S.57.
[17] Lord 1987, S. 73.

Arbeitet man sich weiter nach oben vor, so folgen eine schmale, merkwürdig verbogene Form mit einer beweglichen sehr langgezogenen Ellipse am Ende und etwas, das schmal anfängt, sich aber ähnlich blätterartig öffnet, wie zuvor bei dem Bein beschrieben. Den Abschluss bildet ein wirbelähnliches Gebilde mit einer deutlichen Kerbe, an das etwas anknüpft, das wie ein Pacman aussieht. Alles wirkt sehr verkrampft, sehr brutal, etwas insektenmäßig und doch elegant und grazil.[18]

5. Fazit

Giacometti lernte schon früh von seinem Vater und seinem Patenonkel das Zeichnen und Malen. Beide hatten sich in München kennen gelernt und unterlagen der gleichen neoimpressionistischen Schule. Gerade von seinem Vater Giovanni hatte er die Affinität übernommen Familienmitglieder zu portraitieren, was sich bis zu seinem Lebensende auch nicht ändern sollte. Er lernte mit Farben umzugehen und nach der Natur zu arbeiten. Alberto Giacometti modellierte, zeichnete und kopierte, doch schon bald geriet er damit an seine Grenzen. Er versuchte seine Visionen darzustellen, das was ihn in dem Moment, in dem er dem Modell gegenüber saß, faszinierte. Doch so recht gelingen wollte es ihm nicht.

Er probierte es an der Kunstakademie und der Kunstgewerbeschule in Genf, doch das schien ihm ebenfalls nicht so recht zuzusagen, denn auch hier widersetzte er sich oft den Anweisungen, um seine eigenen Ideen umzusetzen. Er reiste nach Italien zu Verwandten um Kunstkurse zu besuchen, fand jedoch nichts Passendes. Dennoch blieb er eine Zeit, reiste durch die Gegend und sammelte neue Eindrücke.

Regelmäßig kehrt Giacometti in seine Heimat Stampa zurück. Ihn verband viel mit seiner Familie und seiner Mutter im Speziellen. Auch nachdem er sein Atelier in Paris bezog und sich dort an der Akademie eingeschrieben hatte, blieb er dieser oft fern, um nach Hause zu fahren und dort zu arbeiten.

Bourdelle, als sein Lehrer an der Académie Grande-Chaumière, arbeitete viel mit Rodin zusammen und stellte monumentale Ansprüche an die Werke seiner Schüler. Sobald Giacometti versuchte eigene Wege zu gehen, wurde er von Bourdelle mit

---

[18] Vgl. Lord 1987, S. 128.

Sarkasmus gestraft. Beide unterschieden sich in ihren Charakteren so enorm[19], Bourdelle soll sogar über Giacomettis Torso gesagt haben, dass man so etwas nur für Zuhause, nicht aber für eine Öffentlichkeit gestalte[20]. Dennoch hätte Giacometti meiner Meinung nach keinen besseren Lehrer haben können. Ein Dickkopf wie Giacometti hätte einen Lehrer, der ihn in allem bestätigt, nicht ernst genommen und es wäre auch nicht das gewesen, was er gesucht hat.

Ich denke, dass es für Giacometti ein sehr richtiger und wichtiger Schritt war, 1922 nach Paris zu gehen. In der Schweiz lebte er sehr isoliert bei seiner Familie in einem Bergdorf, aber für das, was er anstrebte, war so ein Leben nicht passend. Paris als florierender Melting Pot für unterschiedlichste Künstler bot schlicht und ergreifend mehr Möglichkeiten. Giacometti kam in Berührung mit Brancusi, Laurens und Lipchitz, hatte im Musée de l'Homme Zugang zu prähistorischer afrikanischer, ozeanischer und kykladischer Kunst und konnte eine Fülle unterschiedlichster Zeitschriften studieren. Er lernte Schriftsteller, Dichter und Denker aus aller Welt kennen, machte sich mit neuen Kulturen vertraut, besuchte Ausstellungen und erweiterte seinen Horizont im nächtlichen Paris.

1922 war auch das Jahr in dem sich der Dadaismus auflöste und Platz für den Surrealismus entstand. Für jemanden wie Giacometti, der mit seinem Latein am Ende und immer auf der Suche war, genau das Richtige. Er versuchte durch reduzierte Formen mit seiner ständigen Unzufriedenheit abzuschließen. Träume, Visionen, all das, was nicht mit dem bloßen Verstand wahrzunehmen war, war das was Giacometti darstellen wollte. Dass es ihm nur bedingt gelang ist ein anderes Thema, aber in Bezug auf sein weiteres Werk denke ich, dass die neuen Denkanstöße und das psychoanalytische des Surrealismus Giacomettis Arbeiten nachhaltig beeinflusst haben.
Nachdem er beschloss, sich von dem Traumhaften, dem Fantastischen wieder zu entfernen und erneut begann nach der Natur zu arbeiten, fand er seinen eigenen Stil. Er ist bekannt für seine Zeichnungen und Skulpturen, die mit den Augen sprechen, für die ausgemergelten Figuren. Und auch wenn seine Arbeiten für ihn immer nur Nebenprodukte seines Ringens um die reine Wahrnehmung waren, wenn für ihn nur der Akt der Wahrnehmung das Ergebnis war, so denke ich, dass ihm eventuell gar nicht bewusst war, wie viel seiner Wahrnehmung er in seinen Werken transportieren konnte.

---

[19] Vgl. Lord 1987, S. 72.
[20] Vgl. Maur 1994, S. 53.

6. *Literaturverzeichnis*

Dittmar, Peter: Künstler Beschimpfen Künstler, Erw. Neuausg. Reclam, Philipp, jun. GmbH, Verlag, o.O. 2008.

Lord, James: Alberto Giacometti. Der Mensch und sein Lebenswerk, Fischer-Taschenbuch-Verlag, Frankfurt 2009.

Milz, Manfred: Samuel Beckett und Alberto Giacometti. Das Innere als Oberfläche , ein ästhetischer Dialog im Zeichen schöpferischer Entzweiungsprozesse (1929-1936), Königshausen & Neumann, Würzburg 2006.

Müller, Hans H: Kunstgeschichte. Von Der Antike Bis Zum 21. Jahrhundert, 1., Auflage. Bibliographisches Institut, Mannheim 2009.

Scheidegger, Ernst: Alberto Giacometti. Spuren einer Freundschaft, Scheidegger & Spiess, Zürich/Frankfurt 1998.

Schneede, Uwe M: Die Kunst Des Surrealismus. Malerei, Skulptur, Dichtung, Fotografie, Film, C.H. Beck, München 2006.

Schneider, Angela: Alberto Giacometti. Skulpturen, Gemälde, Zeichnungen, Prestel, München 1994.

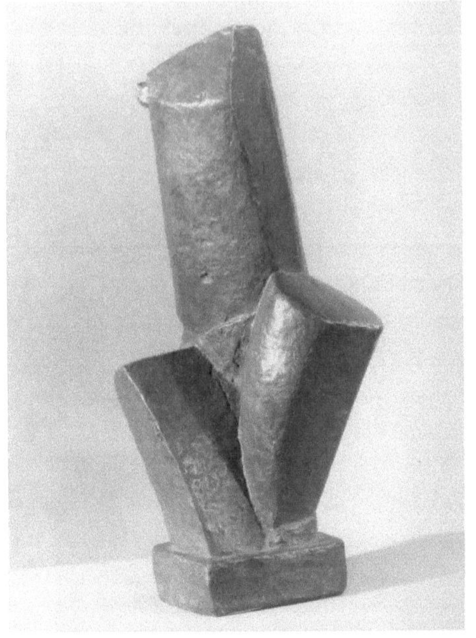

Abb. 1

Alberto Giacometti, Torso,
1925

Bronze, 56,5x24,5x23 cm

Alberto-Giacometti-Stiftung,
Zürich

Abbildung entnommen aus:

Schneider, Angela: Alberto
Giacometti. Skulpturen,
Gemälde, Zeichnungen,
München 1994

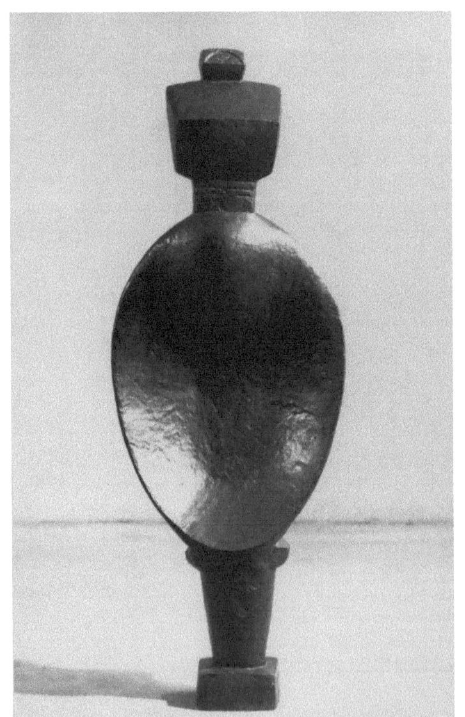

Abb. 2

Alberto Giacometti, Löffelfrau,
1926

Bronze, 145x52x25 cm

Alberto-Giacometti-Stiftung,
Zürich

Abbildung entnommen aus:

Schneider, Angela: Alberto
Giacometti. Skulpturen,
Gemälde, Zeichnungen,
München 1994

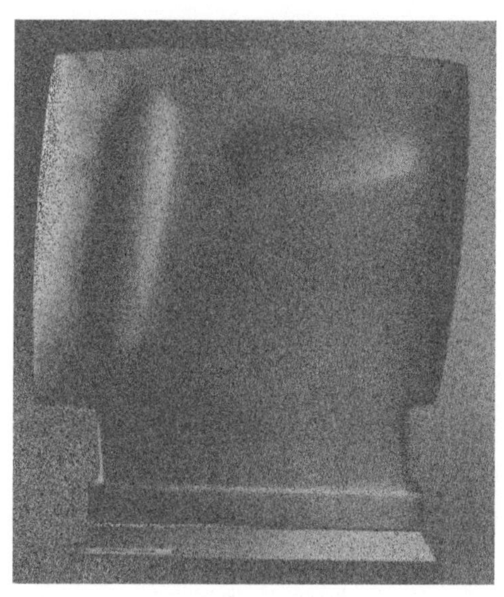

Abb. 3

Alberto Giacometti, Blickender Kopf, 1927-29

Marmor, 41x37x8 cm

Alberto-Giacometti-Stiftung, Zürich

Abbildung entnommen aus:

Schneider, Angela: Alberto Giacometti. Skulpturen, Gemälde, Zeichnungen, München 1994

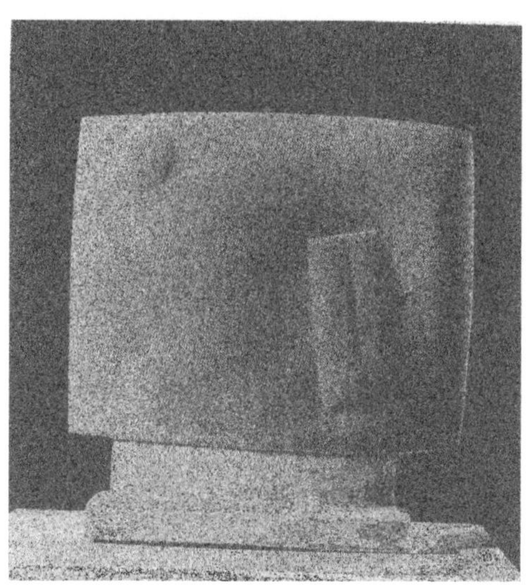

Abb. 4

Alberto Giacometti, Frau, 1928

Marmor, 33,5x31x9 cm

Alberto-Giacometti-Stiftung, Zürich

Abbildung entnommen aus:

Schneider, Angela: Alberto Giacometti. Skulpturen, Gemälde, Zeichnungen, München 1994

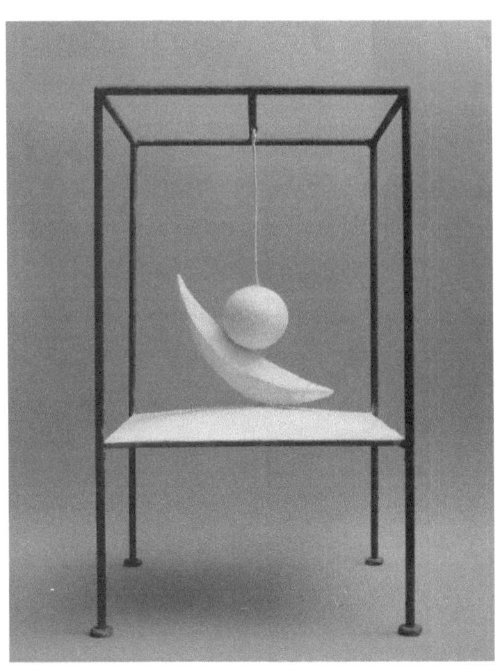

Abb. 5

Alberto Giacometti,
Schwebende Kugel, 1930-31

Gips und Metall,
60,3x36,2x35,5 cm

Privatsammlung

Abbildung entnommen aus:

Schneider, Angela: Alberto
Giacometti. Skulpturen,
Gemälde, Zeichnungen,
München 1994

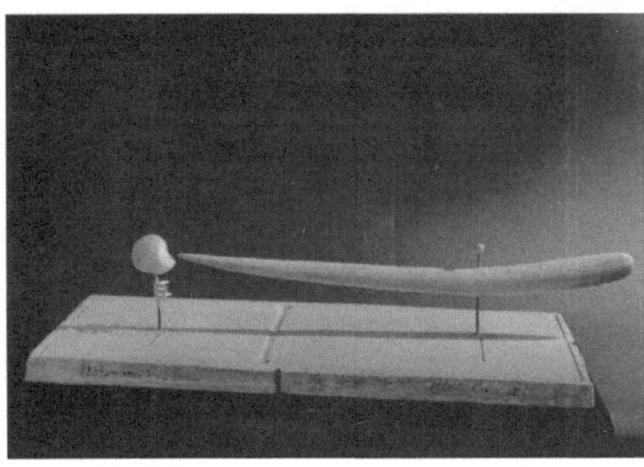

Abb. 6

Alberto Giacometti, Stachel
ins Auge, 1931

Gips und Metall,
13,5x59,5x31 cm

Alberto-Giacometti-Stiftung,
Zürich

Abbildung entnommen aus:

Schneider, Angela: Alberto
Giacometti. Skulpturen,
Gemälde, Zeichnungen,
München 1994

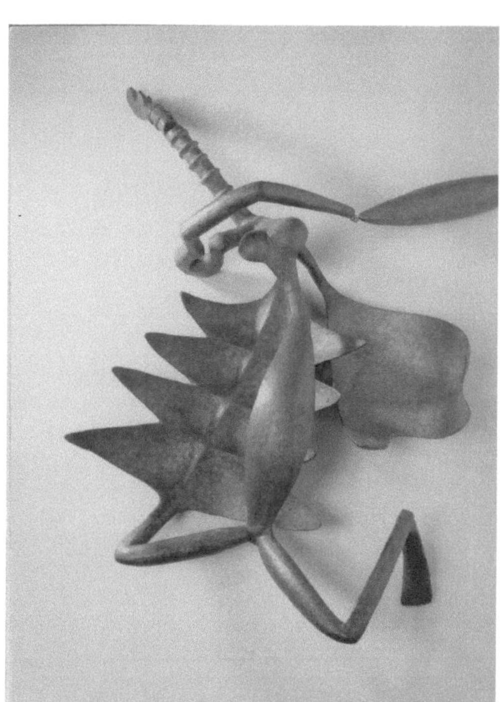

Alberto Giacometti, Frau mit durchschnittener Kehle, 1932

Bronze, 20x75x58 cm

Alberto-Giacometti-Stiftung, Zürich

Abbildung entnommen aus:

Schneider, Angela: Alberto Giacometti. Skulpturen, Gemälde, Zeichnungen, München 1994

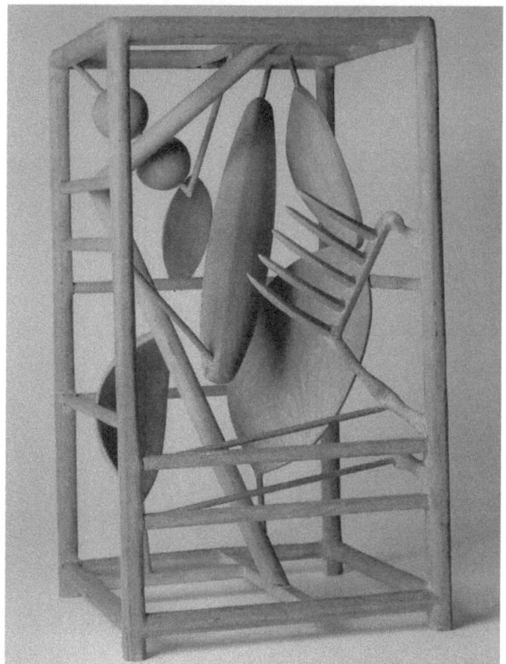

Alberto Giacometti, Käfig, 1930-31

Holz, 49x26,5x26,5 cm

Moderna Museet, Stockholm

Abbildung entnommen aus:

Schneider, Angela: Alberto Giacometti. Skulpturen, Gemälde, Zeichnungen, München 1994